Les animaux de la savane

Texte de Stéphanie Ledu
Illustrations d'Éric Gasté

MILAN

À la saison des pluies, l'herbe de la savane africaine est toute verte. Dans les plaines broutent d'immenses troupeaux.

C’est le moment de l’année où naissent
beaucoup de **bébés animaux** !

Les zèbres aiment brouter le haut des herbes.
Les antilopes et les gazelles passent après : elles préfèrent manger le bas de la végétation, plus tendre.

Dans la famille des **autruches**, seul le mâle est noir et blanc. Ce sont les plus gros oiseaux du monde. Ils sont trop lourds pour voler, mais courent très vite !

Qui broute le sommet des acacias ? C'est la **girafe**. Plus haute que 3 hommes, elle surveille tout ce qui se passe au loin.

Au moindre danger,
elle se sauve sur ses **longues pattes**. Aussitôt, les autres animaux s'enfuient aussi !

Un **guépard** a réussi à approcher
sans faire de bruit...

Les rayures des zèbres font comme des vagues. Le félin ne sait pas quel animal attaquer. Mais il a vu la gazelle qui s'écarte de son troupeau. Il s'élance !

Le guépard accélère. En pleine course,
il dépasse **100 km/h** !

La gazelle essaie de lui échapper en zigzaguant.
Trop tard : le guépard la rattrape et la fait tomber.
Puis il la mord à la gorge pour l'étouffer.

L'odeur de chair fraîche a attiré un clan de hyènes.
Très féroces, elles approchent en montrant les crocs...
Le guépard leur abandonne son repas !

Quand les hyènes auront fini leur festin,
les **vautours** mangeront les restes.

À midi, le soleil est écrasant. Les lions se reposent à l'ombre. Les babouins font leur toilette. Miam ! Ils adorent croquer les poux qu'ils trouvent dans le pelage de l'autre.

Une **panthère** a monté sa proie dans un arbre. Impossible de la lui voler...

Le **serpentaire** a vu un jeune **mamba**. Il va l'avaler !

La saison sèche arrive. Pendant des mois, il ne pleuvra plus. Les gnous et les zèbres n'ont plus d'herbe à manger : ils s'en vont vers un pays plus vert…

Leur route croise un fleuve. Attention ! Les crocodiles ressemblent à des bouts de bois, mais s'ils attrapent un animal, ils le noient et le dévorent !

L'**hippopotame** a l'air gentil. Mais il fait peur aux crocodiles, car il peut être très agressif. Pour impressionner ses ennemis, **il bâille en montrant les dents**.

Le gros animal passe la journée dans l'eau. Il **somnole** et **plonge** de temps en temps pour se dégourdir les pattes en marchant au fond du fleuve.

Poum, poum...
À force d'emprunter
les mêmes chemins, les **éléphants**
ont creusé des pistes profondes dans le sol.
Les **insectes** s'envolent pour ne pas être écrasés.
Des **hérons garde-bœufs** en profitent pour les gober !

Au point d'eau, les girafes et les oryx s'écartent :
les éléphants boivent toujours en premier.

L'**éléphant** se douche avec sa **trompe**. Puis il se roule dans la **boue**. En séchant, elle formera une carapace contre les piqûres d'insectes.

Roarrr ! Le soir, le lion rugit.
On l'entend à des kilomètres !

Les lionnes ont encerclé un **phacochère**. Gare à ses défenses ! Les lionceaux observent leurs mamans : pour eux, c'est une belle leçon de chasse.

La nuit est tombée sur la savane.
Les hippopotames quittent le fleuve pour aller brouter. C'est au tour des girafes de venir boire...

Les **buffles** profitent eux aussi de la fraîcheur. Oh, un **rhinocéros** ! Il voit très mal, et s'affole facilement. Il charge alors droit devant lui…
Attention à l'arbre !

Découvre tous les titres de la collection

Mes P'tits DOCS

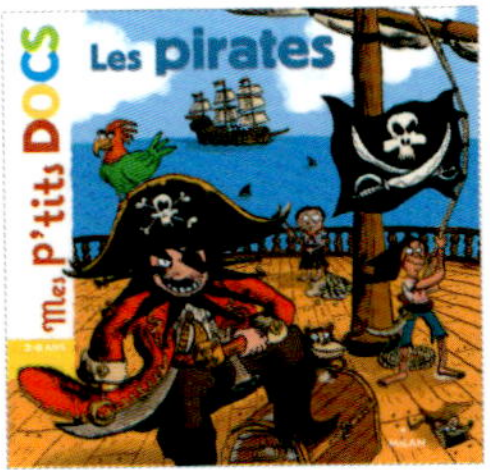

Au bureau
Le bébé
Le bricolage
Les camions
Les dinosaures
L'école maternelle
L'espace

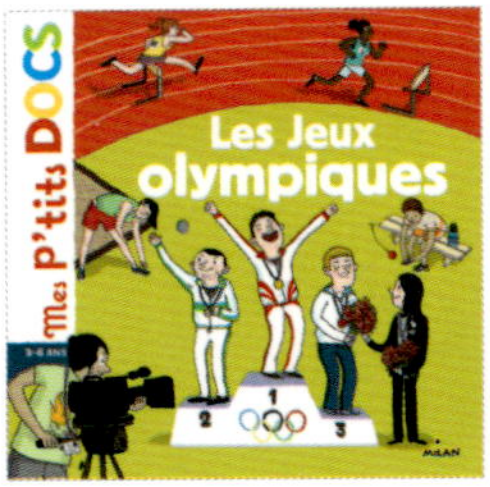